DULCE RODRIGUES

Der Weihnachtsmann ist verschnupft

Theaterstück in zwei Akten plus eins
für Junge und Junggebliebene

Autorin: Dulce Rodrigues
Seitenlayout: Patrícia Coelho Dias
Illustration vom Belgischen Maler Willoos

© 2017, Dulce Rodrigues.
Alle Rechte vorbehalten.

Barry4kids
www.barry4kids.net

Die Originalausgabe erschien 2008
bei Publibook, Paris, Frankreich,
unter dem Titel "Le Père Noël est enrhumé"

Herstellung und Verlag: BoD – Books on Demand,
Norderstedt
ISBN: 9783741288623
Pflichtexemplar: November 2017

Bibliographische Information der Deutschen
Nationalbibliothek: Die Deutsche Nationalbibliothek
verzeichnet diese Publikation in der Deutschen
Nationalbibliografie; detaillierte bibliografische Daten sind im
Internet über http://dnb.de abrufbar.

Inhaltsverzeichnis

Der Weihnachtsmann ist verschnupft .... Seite 5
Personen .... Seite 7
Erster Akt .... Seite 11
    Erste Szene .... Seite 13
    Zweite Szene .... Seite 21
Zweiter Akt .... Seite 29
    Erste Szene .... Seite 31
    Zweite Szene .... Seite 38
Dritter Akt .... Seite 39
    Erste Szene .... Seite 41
    Zweite Szene .... Seite 47
Weihnachtslied "Morgen kommt der Weihnachtsmann" .... Seite 49
Weihnachtsfrau-Kuchen .... Seite 50
Weihnachtsdekorationen .... Seite 52
Anmerkungen der Autorin .... Seite 71
Über die Autorin .... Seite 73
Andere Bücher von der Autorin .... Seite 74

DER WEIHNACHTSMANN

IST VERSCHNUPFT

Personen

Weihnachtsmann
Weihnachtsfrau
Kobold
Junger Mann, Weihnachtsmannersatz
Sankt Nikolaus
Erzähler
Drei Kinder
Metzger
Chorkinder

Die Aktion des 1. und 2. Aktes spielt in der Wohnung des Weihnachtsmannes in Schweden.

Die Aktion des 3. Aktes dauert sieben Jahren.

Erster Akt

*Im Wohnzimmer des Weihnachtsmannes.
Weihnachtsbaum und anderer Weihnachtsschmuck.*

Erster Akt

Erste Szene

In einer Ecke bereitet Kobold, ein echter Kobold, die Geschenke vor. Der Weihnachtsmann sitzt auf seinem Sofa; er hält ein Taschentuch in der Hand und putzt sich die Nase.

Weihnachtsmann:
Mein Gott! Ich glaube, ich werde krank!

Weihnachtsfrau kommt ins Zimmer.

Weihnachtsfrau:
Du bist bereits krank!

Weihnachtsmann:
Auf gar keinen Fall! Es ist nur, dass... *(er niest)* Hatschi!

Weihnachtsfrau:
Es ist nur, dass du dir einen Schnupfen eingefangen hast...

Weihnachtsmann:
Unmöglich! Ich kann nicht, ich muss... *(er niest nochmals)* Hatschi! Ich... Ich... *(er niest wiederum)* Hatschi! Hatschi!

Weihnachtsfrau:
Was musst du? Du musst vor allem das Bett hüten und dich pflegen!

Weihnachtsmann:
Und die Geschenke? Wer wird die... die... *(er niest wieder)* Hatschi! ... die Geschenke verteilen?

Weihnachtsfrau:
Wer wird sie verteilen? Ein anderer eben!

Weihnachtsmann putzt seine Nase:
Aber wer? *(er niest)* Hatschi!

Weihnachtsfrau:
Wir müssen einen Weihnachtsmannersatz finden!

Kobold kommt auf sie zu:
Ich kann das tun.

Weihnachtsfrau:
Du kannst das tun? Wie denn?

Weihnachtsmann:
Du bist zu... *(er niest)* Hatschi! Hatschi!... zu klein!

Kobold:
Aber nein doch! Ich kann den Weihnachtsmann ersetzen!

Weihnachtsfrau:
Du bist ein Kobold. Ein Kobold ist eben zu klein für diese Arbeit.

Kobold:
Nun, haben Sie denn eine bessere Idee?

Weihnachtsmann:
Ich weiß nicht...

Weihnachtsfrau:
Ich, ich hätte eine.

Weihnachtsmann:
Sag schnell. Wir haben nicht... *(er niest)* Hatschi!... viel Zeit.

Weihnachtsfrau:
Wir geben eine Anzeige auf.

Weihnachtsmann:
Eine gute Idee! *(er wendet sich zu Kobold)* Gib mir schnell Papier und Bleistift!

Kobold:
Aber ich könnte sehr gut den Weihnachtsmann ersetzen!

Weihnachtsfrau:
Ich denke nicht!

Weihnachtsmann:
Hilf mir lieber. *(es niest)* Hatschi!

Kobold sucht im Geschenkhaufen nach Papier:
Ich kann kein Papier finden...

Weihnachtsmann:
Dort ist es nicht! Es befindet sich auf... auf... *(er niest wieder)* Hatschi!... auf dem Büro...

Kobold nimmt ein Blatt Papier; dann sucht er nach einem Bleistift, der zur Hälfte aus seiner Hosentasche herausschaut.

Kobold:
So eben habe ich noch mit einem Bleistift geschrieben... aber jetzt kann ich ihn nicht mehr finden...

Weihnachtsmann:
Du findest fast nie was sofort...

Weihnachtsfrau:
Schau mal... deine Hosentasche... da hast du den Bleistift hinein getan...

Kobold sieht in seiner Hosentasche:
Ach ja, das hatte ich ganz vergessen...

Weihnachtsfrau:
Wenn man bedenkt, dass du den Weihnachtsmann ersetzen möchtest! ...

Kobold:
Ich könnte das sehr wohl tun!

Weihnachtsfrau fängt an zu lachen:
Vergesslich, wie du bist...

Weihnachtsmann niest:
Hatschi! Hatschi! Das hat mir gerade noch gefehlt! Am Tag vor Weihnachten krank zu werden!

Kobold gibt dem Weihnachtsmann Papier und Bleistift:
Hier ist das Papier und der Bleistift, Weihnachtsmann.

Weihnachtsmann nimmt die Sachen entgegen:
Danke. *(er schreibt etwas auf das Papier)* Hier, geh schnell und faxe diese Mitteilung.

Kobold nimmt das Papier:
Ich werde mich nicht lange aufhalten... *(er geht hinaus)*

Weihnachtsfrau:
Glaubst du, er weiß was er tun soll?

Weihnachtsmann:
Die Chancen, dass er es weiß... *(er niest)* Hatschi! ... stehen schlecht! Hatschi!

Kobold kommt zurück mit der Mitteilung.

Weihnachtsmann:
Schon zurück?

Kobold benimmt sich scheu:
Ich wusste nicht, wo ich die Mitteilung weg schicken sollte...

Weihnachtsfrau wendet sich dem Weihnachtsmann zu:
Was hatte ich dir gerade gesagt?

Weihnachtsmann:
Lauf zu dem Postamt an der Ecke! Großer Gott!

Kobold:
Nicht aufregen, Weihnachtsmann! Ich bin schon unterwegs. (*Er läuft hinaus.*)

Weihnachtsfrau:
Und dieser Zerstreute wollte den Weihnachtsmann ersetzen!

Weihnachtsmann:
Armer Kobold! Er ist nicht böse, er ist nur ein wenig... ein wenig... (*er niest*) Hatschi!

Weihnachtsfrau:
Ein wenig zerstreut! Nett, aber zu zerstreut!

Kobold kommt nochmals herein.

Weihnachtsmann:
Was hast du denn noch vergessen?

Kobold benimmt sich scheu:
Entschuldigen Sie bitte, Weihnachtsmann. Für die Mitteilung... wohin soll ich gehen?

Weihnachtsmann:
Zur Post! Du verschlimmerst meine Krankheit. *(er niest)* Hatschi! Hatschi!

Kobold:
Nicht aufregen, Weihnachtsmann! Ich bin schon weg. *(er geht hinaus)*

Weihnachtsmann:
Gut so...

Erster Akt

Zweite Szene

Die Weihnachtsfrau und der Weihnachtsmann sitzen da und lesen. In einer Ecke bereitet Kobold Geschenke vor, die er in einen Einkaufswagen neben ihm legt. Es läutet an der Tür.

Weihnachtsmann wendet sich Kobold zu:
Bitte, Kobold, geh und öffne die Tür.

Kobold macht die Tür auf:
Guten Tag! Sie wünschen...?

Junger Mann:
Ich möchte den Weihnachtsmann sprechen. Ich komme wegen der Anzeige...

Weihnachtsmann:
Wer ist da?

Kobold:
Es ist wegen der Anzeige...

Weihnachtsfrau:
Lass den Herrn herein Kobold...

Der junge Mann kommt herein; der Weihnachtsmann steht auf und begrüßt ihn.

Weihnachtsmann:
Herzlich willkommen.

Junger Mann:
Danke schön, Weihnachtsmann.

Weihnachtsmann:
Woher kommen Sie, junger Mann?

Junger Mann:
Aus Finnland.

Weihnachtsmann:
Ach, sehr gut ! Dann schickt Sie Joulupukki? Ich hatte auch an den norwegischen Weihnachtsmann geschrieben...

Junger Mann:
Ich komme aus Finnland, Herr... Tomten, nicht wahr?

Weihnachtsmann:
Ja. Ich bin der schwedische Weihnachtsmann. (er wendet sich der Weihnachtsfrau zu) Das hier ist meine Frau, die Weihnachtsfrau... und Kobold...

Junger Mann:
Sehr erfreut, gnädige Frau. Hallo, Kobold.

Weihnachtsfrau:
Seien Sie willkomen, junger Mann.

Junger Mann:
Herr Tomten...

Weihnachtsmann:
Nennen Sie mich lieber... *(er niest)* Hatschi! Hatschi!

Junger Mann lächelt:
Gesundheit! Ich bin hier, um Ihnen zu helfen, Herr Tomten.

Weihnachtsmann:
Danke. Nennen Sie mich Weihnachtsmann.

Junger Mann:
Ich sehe, warum Sie einen Ersatzmann gesucht haben...

Weihnachtsmann:
Ich habe Schnupfen. Und in meinem Alter kann das gefährlich sein...

Junger Mann:
Sie müssen sich gut versorgen, Herr Tomten.

Weihnachtsmann:
Weihnachtsmann...

Junger Mann:
Ja... Weihnachtsmann. Machen Sie sich keine Sorgen wegen den Geschenken. Ich werde sie für Sie austragen.

Kobold murmelt leise:
Ich hätte das auch tun können! Jemanden dazu von so weit herkommen lassen...

Weihnachtsfrau:
Was sagst du, Kobold?

Kobold:
Nichts, gnädige Frau. Ich habe Selbstgespräche geführt.

Weihnachtsfrau:
Ach so!

Der Weihnachtsmann wendet sich Kobold zu:
Kobold, lege die Geschenke auf den Schlitten bitte.

Kobold sieht plötzlich sehr zufrieden aus:
Ich gehe sofort, Weihnachtsmann. *(er nimmt den Einkaufswagen mit den Geschenken und läuft hinaus)*

Weihnachtsfrau wendet sich dem jungen Mann zu:
Darf ich Ihnen eine Tasse Tee anbieten?

Junger Mann:
Vielen Dank, aber ich habe auf dem Weg hierher eine Tasse heiße Schokolade getrunken. Es war so kalt...

Weihnachtsfrau setzt sich wieder hin:
Wie Sie wollen...

Kobold kommt in die Stube zurück; er sieht glücklich aus und schaut verschmitzt drein.

Weihnachtsfrau wendet sich an Kobold:
Schon zurück, Kobold?

Kobold sieht immer noch seltsam aus:
Ja, Weihnachtsfrau.

Der Weihnachtsmann, erstaunt:
Hast du bereits alle Geschenke auf den Schlitten geladen?

Kobold:
Ja, Weihnachtsmann.

Weihnachtsmann:
Bist du sicher, dass du auch nichts vergessen hast?

Kobold sieht immer glücklicher und verschmitzter aus:
Absolut nichts! Alle Geschenke sind da, Weihnachtsmann.

Weihnachtsfrau:
Und die Schokoladen?

Kobold:
Das auch, Weihnachtsfrau!

Weihnachtsmann:
Sehr gut. *(er wendet sich seinem Ersatzmann zu)* Haben sie diese Arbeit schon einmal getan?

Junger Mann:
Ich habe Joulupukki vor zwei Jahren ersetzt, als er einen Gichtanfall hatte.

Weihnachtsmann:
Kobold zeigt Ihnen, wo der Schlitten steht. Hier ist die Liste mit den braven Kindern.

Weihnachtsfrau:
Kommen Sie sofort zurück, wenn Sie fertig sind. Wir warten mit dem Essen auf Sie.

Weihnachtsmann:
Die Weihnachtsfrau hat einen mit Maronen gefüllten Truthahn zubereitet, welcher mir jetzt bereits das Wasser im Mund zusammenlaufen lässt...

Kobold:
Und auch einen köstlichen Schokoladenkuchen!

Junger Mann geht zur Tür:
Ich freue mich schon darauf. Bis bald.

Weihnachtsfrau und Weihnachtsmann:
Bis bald! Kommen Sie schnell zurück.

Kobold folgt dem jungen Mann nach und murmelt:
Ganz sicher wird er schnell zurück sein... er wird so manche Überraschung erleben...

Kobold und der junge Mann gehen zusammen hinaus.

Ende des ersten Aktes

Zweiter Akt

Dieselbe Stube.

Zweiter Akt

Erste Szene

Die Weihnachtsfrau strickt; der Weihnachtsmann schläft und schnarcht.

Weihnachtsfrau:
Könntest du nicht ein bisschen weniger Lärm machen? Du weckst alle Kobolde dieser Gegend auf!

Weihnachtsmann erwacht ziemlich abrupt:
Hast du was gesagt?

Weihnachtsfrau:
Ich sagte, du schnarchst zu laut.

Weihnachtsmann:
Entschuldige, ich... *(er niest)* Hatschi!... ich war eingeschlafen.

Weihnachtsfrau:
Sieh mal nach, was es im Fernsehen gibt...

Weihnachtsmann:
Sie erzählen nur Dummheiten.

Weihnachtsfrau:
Vielleicht... aber anstatt zu schlafen und zu schnarchen...

Weihnachtsmann:
Du übertreibst aber! Wie spät ist es?

Weihnachtsfrau:
Es ist noch früh.

Es läutet stürmisch an der Tür.

Weihnachtsfrau:
So! Wer läutet denn um diese Stunde? *(sie steht auf und öffnet die Tür)* Sie!? Schon zurück?

Junger Mann, sehr aufgeregt:
Es ist mir etwas Schreckliches passiert!

Weihnachtsmann steht auf:
Was ist denn los? Ein Problem mit den... *(er niest)* Hatschi!... den Rentieren?

Junger Mann:
Nein, nein, Weihnachtsmann. Von dieser Seite ist alles in Ordnung... aber...

Weihnachtsmann:
Was denn!?

Weihnachtsfrau:
Wir hören...

Junger Mann:
Also gut! ich muss noch 12 Häuser besuchen, das macht... 21 Kinder... aber ich habe nur noch 19 Geschenke und 17 Schachteln Schokolade.

Weihnachtsfrau:
Das ist unmöglich!

Weihnachtsmann:
Kobold hatte mir doch gesagt, dass er alles aufgeladen hätte...

Junger Mann schaut sich im Zimmer um:
In der Tat, hier ist nichts... ich verstehe nicht...

Weihnachtsfrau:
Ich verstehe. Da steckt sicher Kobold dahinter.

Weihnachtsmann:
Glaubst du, er hat uns angeschmiert?

Weihnachtsfrau:
Er wollte doch so sehr dein Ersatzmann sein... und du hast das abgelehnt...

Junger Mann:
Dann hat er mir einen Streich gespielt...

Weihnachtsmann:
Ich muss ihn sprechen! Er muss mir... *(er niest)* Hatschi! Hatschi!... eine Erklärung geben!

Weihnachtsfrau:
Sei nicht zu streng zu ihm... es ist ein Streich eines enttäuschten Kobolds...

Weihnachtsmann:
Kobold! Ich möchte mit dir sprechen!

Kobolds Stimme kommt von weit her:
Ich kann nicht kommen, Weihnachtsmann. Ich bin krank.

Weihnachtsmann:
Spiel nicht mit mir. Ich meine... *(er niest)* Hatschi!... ich meine es ernst!

Kobold, seine Stimme klingt immer noch von weit her:
Ich spiele nicht, Weihnachtsmann. *(er stöhnt, von fern)* Ich bin wirklich krank...

Weihnachtsmann:
Ich möchte, dass du sofort zu mir kommst!

Kobold kommt herein, sehr traurig; er zieht mit beiden Händen seine Hose hoch.

Kobold:
Weihnachtsmann, es ist wahr! Ich bin krank!

Weihnachtsfrau, sehr liebevoll:
Armer Kobold! Was hast du denn?

Weihnachtsmann, auch ergriffen:
Schnell, erzähle. Wie bist du krank geworden? Was ist passiert?

Kobold, mit leiser Stimme:
Es ist meine Schuld! Est ist meine Schuld! Verzeihung!

Weihnachtsmann, sehr aufmerksam:
Deine Schuld? Hast du vielleicht... *(er niest)* Hatschi! Hatschi!

Weihnachtsfrau spricht den Satz des Weihnachtsmannes zu Ende:
...die Geschenke und die Schokoladenschachteln vom Schlitten genommen?

Kobold:
Ja, das war ich... entschuldigen Sie... entschuldigen Sie... *(er packt seine Hose sehr fest mit beiden Händen).*

Junger Mann:
Das war nicht nett von dir, Kobold!

Weihnachtsmann:
Weißt du, dass wegen deiner bösen Tat jetzt einige Kinder keine Geschenke erhalten werden?

Weihnachtsfrau lächelt verschmitzt:
Ich denke, er hat die Strafe für seine böse Tat bereits erhalten... nicht wahr, Kobold?

Weihnachtsmann:
Willst du damit sagen...? *(er beginnt laut zu lachen)* Ah! Ah! *(er niest)* Hatschi! Hatschi!

Kobold:
Ja, ja... ich habe die Schokoladen gegessen und... *(er macht eine Grimasse und läuft aus dem Zimmer)* jetzt muss ich... jetzt muss ich!

Weihnachtsmann, lächelnd:
Na sowas! Was für eine komische Weihnachtsgeschichte!

Weihnachtsfrau, laut lachend:
Unsere Enkelkinder werden sie genießen!

Junger Mann, sorgfältig:
Und was ist mit den fehlenden Geschenken? Was sollen wir tun, Weihnachtsmann?

Weihnachtsmann, sehr lustig:
Nun, junger Mann! Wir bitten den Weihnachtsmann, uns die Geschenke zu bringen! *(er lacht laut)* Ah! Ah! Ah! *(er niest)* Hatschi ! Hatschi! Hatschi!

Zweiter Akt

Zweite Szene

Ein Erzähler betritt die Bühne und wendet sich den Zuschauern zu:
Nicht weggehen! Es kommt noch mehr!

Ende des zweiten Aktes

Dritter Akt

Tannenbäume. Ein Waldhaus.

Dritter Akt

Erste Szene

Ein Erzähler betritt die Bühne und wendet sich den Zuschauern zu:
Hat die Geschichte Ihnen gefallen?

Er wartet auf die Antwort der Zuschauer.

Der Erzähler:
Wollen Sie die Geschichte von diesem alten, greisen Mann mit weißem Bart, der um die Weihnachtszeit mit seinem von acht Rentieren gezogenen Schlitten durch die Winternacht fliegt, jetzt hören?

Er wartet aufs Neue auf die Antwort der Zuschauer.

Der Erzähler:
Lass mich sie Ihnen also erzählen!
Die Gestalt des Weihnachtsmannes ist aus der Legende von Sankt Nikolaus entstanden. Dieser heilige Mann lebte vor langer Zeit im Vorderorient in einer Region, die Lycie heißt und heute zur Türkei gehört. Sein Heimatdorf hieß Patare. Sankt Nikolaus war sehr nett und voller Güte zu jedem, ob arm oder reich. Aber vor allem liebte er Kinder und deshalb wurde die Legende um seine Gestalt erschaffen. Hören Sie also die Geschichte

Der Wunder von Sankt Nikolaus

Drei Kinder betreten die Bühne; sie sehen aus als hätten sie sich verirrt).

Der Erzähler:
Eines Tages verirrten sich drei Kinder in einem Wald in der Umgebung der Stadt Myre, wo Sankt Nikolaus seine Diözese hatte. Sie marschierten den ganzen Tag und am Abend, sehr müde, sahen sie endlich ein Licht. Schnell liefen sie in die Richtung des Lichtes, das von einem Haus kam.

Die drei Kinder begeben sich zum Haus.

Der Erzähler:
Sie klopften an die Tür und ein Mann öffnete ihnen. Es war ein Metzger und er sah sehr böse aus...

Der böse Metzger:
Was wollt ihr?

Die drei verängstigten Kinder:
Wir haben uns im Wald verloren…

Der Metzger :
Dann kommt herein. Ihr könnt hier übernachten!
Die Kinder überwinden ihre Angst und treten ins Haus ein.

Der Erzähler :
Der Metzger sah sehr böse aus, so dass die Kinder sich sehr fürchteten. Aber da sie sehr müde und hungrig waren, überwanden sie ihre Angst und traten ins Haus ein.

Der Metzger:
Ich gebe euch etwas zu essen! *(Er stellt Brot und Käse auf den Tisch)* Esst!

Die Kinder setzen sich an den Tisch und essen. Als sie fertig sind, bedanken sie sich beim Metzger.

Die drei Kinder:
Vielen Dank, Herr Metzger.

Der Metzger :
Jetzt könnt ihr schlafen gehen! *(Er zeigt ihnen einen Schlafplatz)*

Die drei Kinder werden in ein Zimmer geführt.

Der Erzähler:
Als die Kinder eingeschlafen waren, tötete er sie und pökelte sie in eine Salzlake in Fässer ein, wie man es mit den Schweinen macht. Sieben Jahre waren schon vergangen, als eines Tages Sankt Nikolaus durch den Wald wanderte und an die Tür des Metzgers klopfte.

Sankt Nikolaus kommt auf die Bühne, begibt sich zum Metzger und klopft an die Tür.

Erzähler:
Der Metzger erkannte gleich den heiligen Mann und ließ ihn eintreten.

Der Metzger:
Bitte, mein Vater. Kommen Sie herein.

Sankt Nikolaus trat ins Haus des Metzgers ein:
Vielen Dank für deine Einladung. Ich bin ja sehr müde. In meinem Alter kann ich mir das lange Wandern nicht mehr leisten...

Der Metzger:
Sie sind wahrscheinlich hungrig, mein Vater. Darf ich Ihnen Schafsfleisch zum Essen anbieten?

Sankt Nikolaus :
Ich bedanke mich sehr, aber ich würde lieber das Gepökelte, das schon seit sieben Jahren in ihrem Fass lagert, essen.

Der Metzger auf der Flucht:
Mein Gott! Sie kennen mein schweres Verbrechen?

Sankt Nikolaus :
Ja, richtig! Ich weiß, was du getan hast!

Der Metzger flüchtet.

Erzähler:
Sankt Nikolaus ging also zu den besagten Fässern und legte seine Hände darauf, und "oh Wunder" die Kinder verließen heil und gesund das Fass!

Die drei Kinder betreten wieder die Bühne und umarmen Sankt Nikolaus.

Der Erzähler:
Diese Nachricht von der Rettung verbreitete sich sehr schnell überall und Sankt Nikolaus wurde von den Menschen verehrt.

Wie jeder Mensch war Sankt Nikolaus auch sterblich und verließ unsere Welt um in den Himmel zu kommen. Dies geschah an einem 6. Dezember.

Ihm zu Ehren werden an diesem Tag Kinder in vielen Ländern dieser Welt beschenkt, Sankt Nikolaus wurde auf der ganzen Erde bekannt und so entstand auch die Geschichte vom Weihnachtsmann.

Sankt Nikolaus war ein Bischof und trug eine Mitra (eine Bischofkappe in rotweiß) und wenn er auf Wanderschaft war, hatte er seinen goldenen Bischofsstab dabei. Weil er sehr alt war, hatte er einen langen weißen Bart, deshalb hat der Weihnachtsmann auch einen langen weißen Bart, trägt eine rote Zipfelmütze mit einer weißen Quaste, einen Stab.

Die neun Rentiere, welche den Schlitten vom Weihnachtsmann ziehen, ersetzen den Esel, der Sankt Nikolaus auf seinen Wanderschaften begleitete. Ihre Namen sind Dasher, Tänzer, Prancer, Vixen, Komet, Blitzen, Cupid, Donner und… Rudolf, der mit der roten leuchtenden Nase durch den Nebel blicken kann!

Das Leben von Sankt Nikolaus ist voller Legenden, meistens mit historischem Ursprung. Aber die Legenden und Geschichten, die man über ihn erzählt, wurden alle von seiner Herzensgüte inspiriert und sie alle gehören zu unseren Kindheitsträumen, zu der Erzählungen, die sich von Generation zu Generation weitervererben…

Dritter Akt

Zweite Szene

Ein Kinderchor betritt die Bühne und singt das Weihnachtslied „Morgen kommt der Weihnachtsmann". Dann wünschen sie den Zuschauern frohe Weihnachten und ein glückliches neues Jahr.

Der Vorhang fällt.

ENDE

Morgen kommt der Weihnachtsmann

*Morgen kommt der Weihnachtsmann
kommt mit seinen Gaben.
Morgen kommt der Weihnachtsmann,
kommt mit seinen Gaben.
Trommel, Pfeifen und Gewehr,
Fahn' und Säbel und noch mehr,
Ja, ein ganzes Kriegesheer
möcht' ich gerne haben.
Bring uns, lieber Weihnachtsmann,
bring auch morgen, bringe
Bring uns, lieber Weihnachtsmann,
bring auch morgen, bringe
Musketier und Grenadier,
Zottelbär und Panthertier,
Roß und Esel, Schaf und Stier,
lauter schöne Dinge.
Doch du weißt ja unsern Wunsch,
kennst ja unsre Herzen.
Doch du weißt ja unsern Wunsch,
kennst ja unsre Herzen.
Kinder, Vater und Mama,
auch sogar der Großpapa,
Alle, alle sind wir da,
warten dein mit Schmerzen.*

Weihnachtsfrau-Kuchen

Zutaten:
- 250 g Zucker
- 100 g Puderschokolade
- 50 g Butter
- 1 Ei
- 100 g "Bolachas Maria" (portugiesische Biskuits) oder andere Biskuits, z.B. De Beukelaer

Für den Überzug:
Schokoladencreme "Tulicreme", "Nucreme" oder eine selbstgemachte Schokoladencreme

Zubereitung:
1. Das Ei mit dem Zucker aufschlagen und gut vermischen.
2. Die Puderschokolade beigeben und wieder gut vermischen.
3. Die "bolachas Maria" (oder eine andere Biskuitsorte) in Stücke schneiden und der Mischung beigeben.
Trick: du kannst die Hände zum Vermischen benutzen.
4. Ein rechteckiges Stück Papier in der gewünschten Farbe ausschneiden und in eine rechteckige Backform legen. Die Mischung in die Backform beigeben.
5. Der Mischung die Form eines Baumstammstücks geben, indem man die zwei Extremitäten schief einschneidet.
6. Die Schokoladencreme mit einer Holzspachtel auftragen, und mit einer Gabel Linien ziehen, die das Holz darstellen sollen.
7. Nach Wunsch mit bunten Weihnachtskugeln und einer farbigen Stoffschleife dekorieren.
8. Im Kühlschrank aufbewahren.

Guten Appetit!

Weihnachtsdekorationen

Was du benutzt
1. weißes Blatt Pappe
2. Weihnachtsmotive
3. Klebstoff
4. Papierschere
5. Farbstifte und Puder-Pailletten in verschiedenen Farben

Anleitungen
1. Jede Zeichnung auf einem weißen Blatt Pappe drucken, mit einer Schere ausschneiden und als Schablone für deine Dekorationen benutzen.
2. Die Dekorationen mit verschiedenen Farben bemalen und mit selbstgemachten oder aus Zeitschriften heraus genommenen Weihnachtsmotiven verzieren.
3. Für Glanzeffekt die Sterne mit Puder-Pailletten in verschiedenen Farben dekorieren.
4. Auf die Rückseite der Weihnachtsmenü- und Platzkarten die entsprechende Stütze kleben.
5. Weiße Baumwolle an den Rand des Weihnachtsstrumpfes kleben.

Hinweise: Deine Dekorationsmotive vollständig kleben. Falls du deine Weihnachtsdekorationen aufhängen willst, ein kleines Loch machen und dadurch ein Band einfädeln.

Die entsprechenden Schablonen findest du auf den nächsten Seiten. Besuche auch die Kinder-Webseite www.barry4kids.net für weitere Hinweise und Motive.

Weinachtsmenü-Karte oder Weihnachtsbaumdekoration

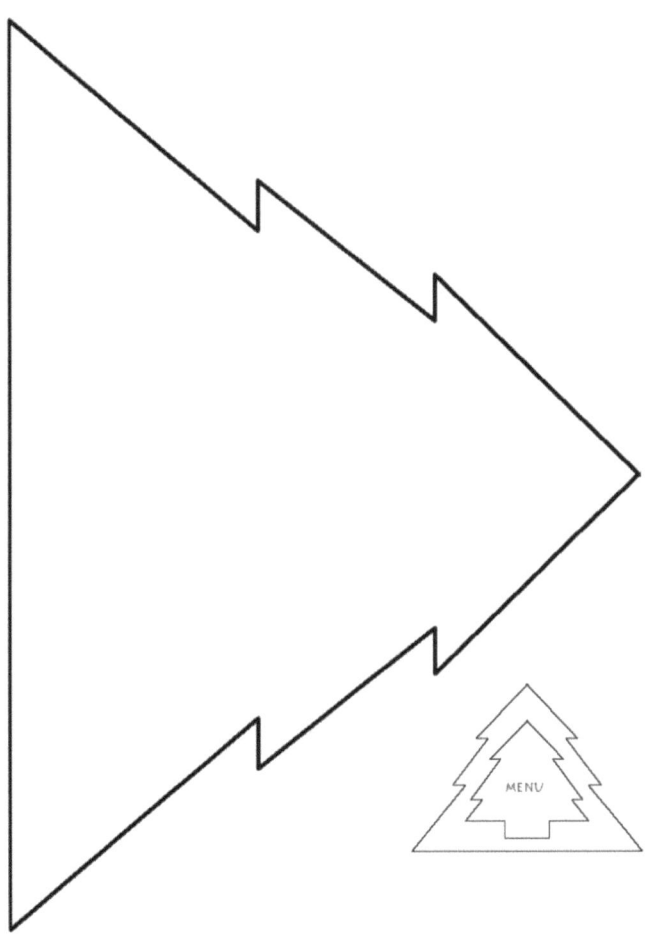

Kleiner Weihnachtsbaum
(wo man das Menü schreibt)

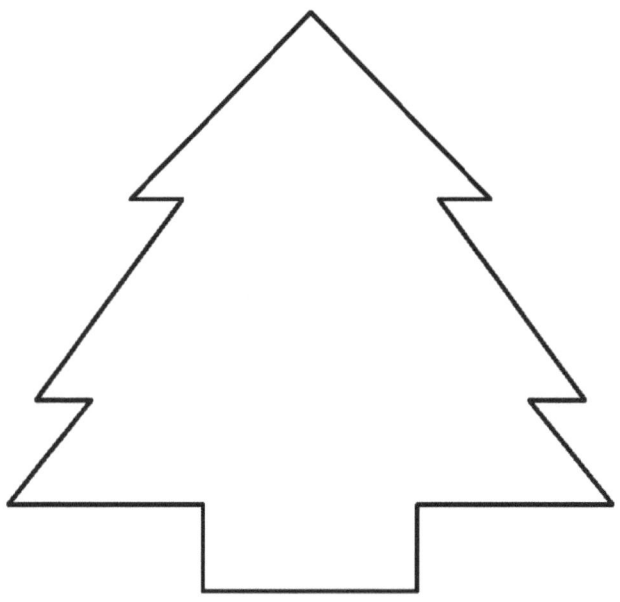

Platzkarte

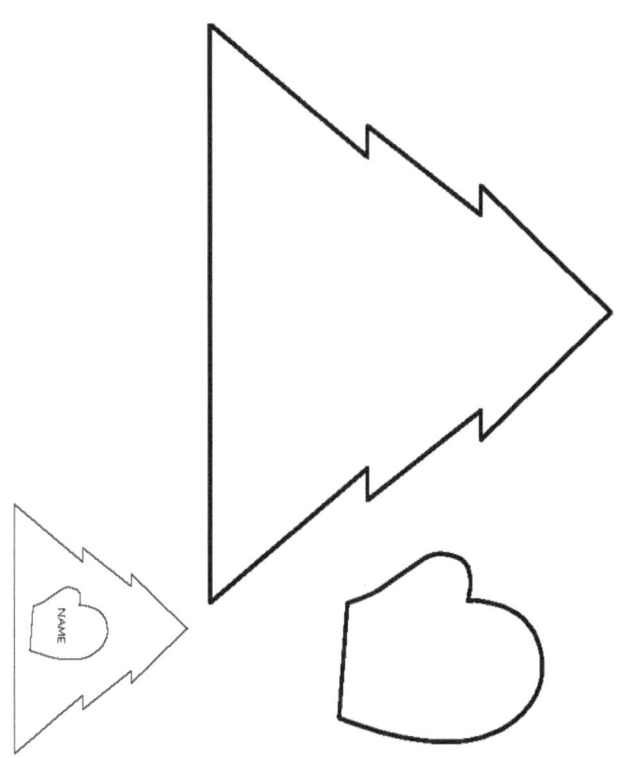

Stütze für Weihnachtsmenü-und Platzkarte

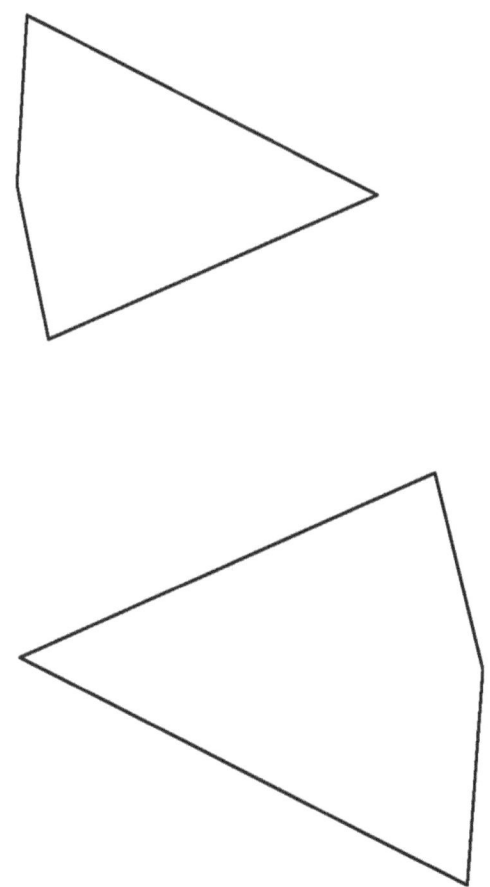

Weihnachtstannenzapfen

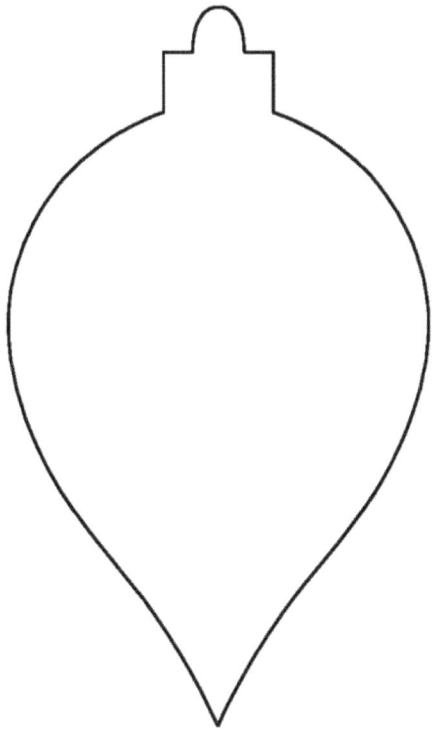

Weihnachtssterne

Weihnachtsstrumpf

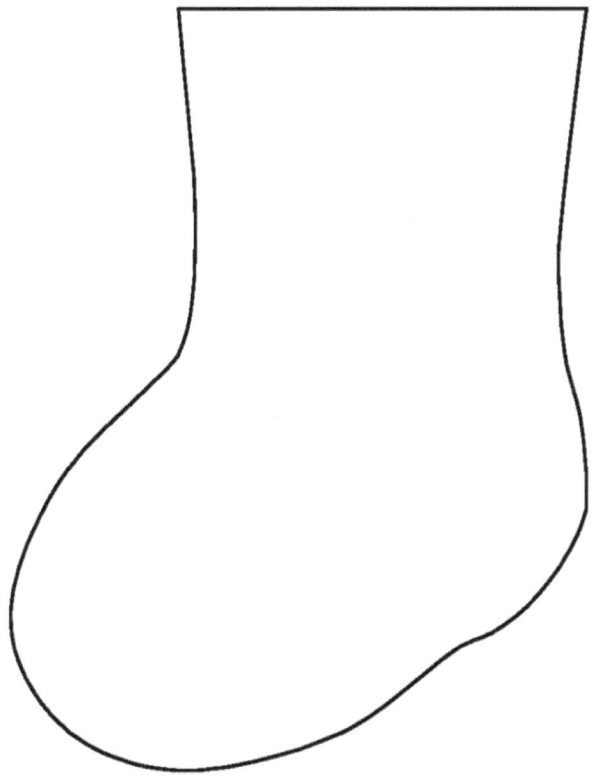

Weihnachtskugel

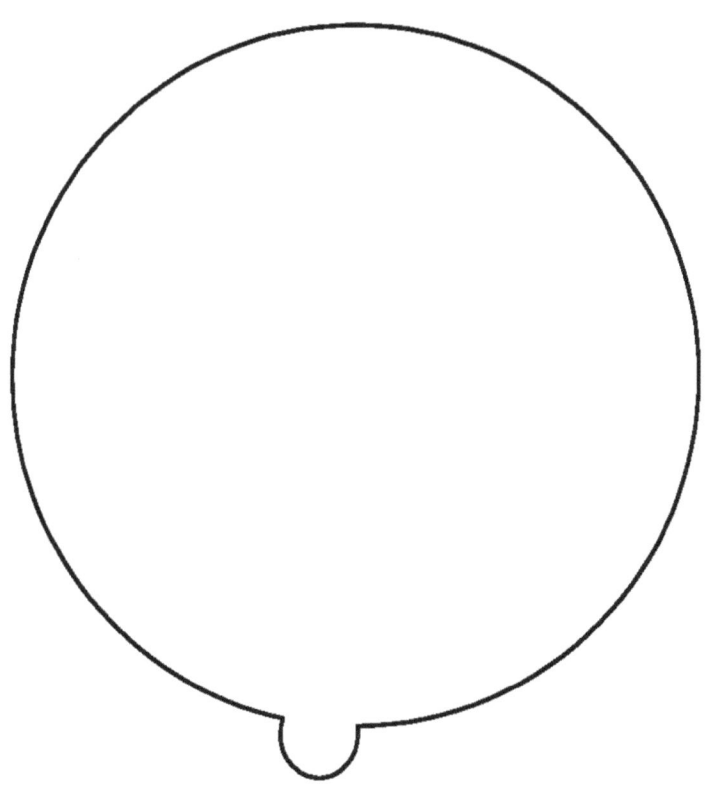

Anmerkungen der Autorin

Wie alle meine Theaterstücke für junge Menschen ist *Der Weihnachtsmann ist verschnupft* nicht nur als Zeitvertreib des Lesers oder als Theateraufführungen für Kinder, junge Erwachsene und Familien gedacht. Das Stück kann auch zum Lesen (oder Vortragen) in der Schule oder bei Freizeitaktivitäten nach dem Unterricht genutzt werden. Es ist keine Bühne erforderlich; der Platz vor den Schulbänken reicht aus. Der Schwerpunkt liegt vor allem auf dem Lesen des Textes sowie der Arbeit mit Stimme und Gestik – das gefällt den Kindern!

Meiner Erfahrung nach fassen Kinder und junge Menschen, die sich nicht sonderlich für Bücher interessieren oder die gelegentlich Schwierigkeiten beim Lesen haben, Mut und lernen durch das Lesen nach und nach, mittelschwere Theatertexte zu beherrschen.

Vor diesem Hintergrund sind die Texte (Textbücher) für meine Theaterstücke (mit Regieanweisungen) auch als Hilfestellung für Lehrkräfte und Schüler zu sehen, die diese Stücke aufführen möchten.

Der Weihnachtsmann ist verschnupft eignet sich hervorragend für ein „Ensemble" aus 10 bis 15 Kindern, die die Sprache bis zu einem gewissen Grad beherrschen und in der Lage sind, auswendig zu lernen, oder für eine gemischte Gruppe aus Erwachsenen und Kindern.

Über die Autorin

Dulce Rodrigues ist Portugiesin und in der schönen Stadt Lissabon geboren, wo sie früher lebte. Obwohl Sie Lissabon und ihre schöne Heimat immer noch im Herz trägt, wohnte sie viele Jahre in Belgien; früher auch in Luxemburg und Deutschland. Wenn sie nicht unterwegs ist, bleibt Dulce Rodrigues zu Hause und schreibt, besonders für Kinder.
Nachdem sie vor ein paar Jahren ihr erstes Kinderbuch veröffentlichte, gründete Dulce Rodrigues das Kinderprojekt www.barry4kids.net, das ihr Kontakte und Zusammenarbeiten in verschieden europäischen Ländern ermöglichte, nämlich Luxemburg, Belgien, Frankreich, auch in Deutschland, der Schweiz und Rumänien.
Dulce Rodrigues studierte Wissenschaft und auch Sprachen und Literatur und erhielt zwei Auslandsstipendien. Sie spricht sechs Sprachen und einige ihrer Kindergeschichten in Französisch, Englisch oder Portugiesisch haben literarische Preise in Europa und in den USA bekommen. Da sie direkt in diesen Sprachen schreibt, werden ihre Bücher jetzt in verschiedenen Ländern herausgegeben.
Ihr Kindertheaterstück „Pinguin und der Feigenbaum" wurde schon in Rumänien (auf Französisch) und Luxemburg (auf Portugiesisch) vorgespielt, Der Weihnachtsmann ist verschnupft in Portugal, und Feiertag im Himmel auch in Luxemburg.

Bücher der Autorin

Kinderbücher

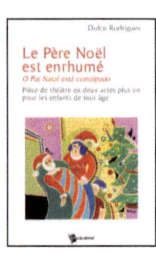

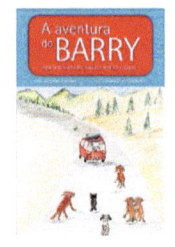

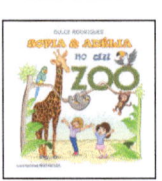

Andere Bücher